Souvenirs Militaires.

EXPLOITS ET HISTOIRE

DU RÉCIT DE MES CAMPAGNES

A l'Armée de l'Expédition de Saint-Domingue,

EN L'AN X DE LA RÉPUBLIQUE,

Après notre retour de l'Expédition d'Egypte, etc., et après avoir subi la quarantaine et les parfumigations d'usage au mouillage du lazaret de St-Mandrié, à Toulon.

Par L. Debord,
ancien Officier en retraite.

Il y a de quoi penser et faire des réflexions là-dessus.

BORDEAUX, MARS 1858.

1860

Notre division navale, commandée par le vice-amiral Ganthaume, était composée des bâtiments de ligne ci-après :

1° Le vaisseau *l'Indivisible,* de 80 canons, monté par le vice-amiral et commandé par le capitaine de vaisseau Gourége. — Jérôme Bonaparte était alors aspirant de marine à bord de ce vaisseau, et nous étions camarades ensemble ;

2° *Le Formidable,* de 80 canons, monté par le contre-amiral Linoix et commandé par le capitaine de vaisseau Lalonde ;

3° *L'Indomptable,* de 80 canons, commandé par le capitaine Montcousu ;

4° Le *Dessaix,* de 74 canons, commandé par le capitaine Cristipalière ;

5° Le *Jean-Bart,* de 74 canons, commandé par le capitaine Alary ;

6° *La Constitution,* de 74 canons, commandé par le capitaine Faure ;

7° Le *Dix-Août,* de 74 canons, *tout peint en rouge,* commandé par le capitaine Legouardun. — Hugon était alors aspirant de marine à bord *de ce vaisseau où j'étais et nous étions camarades* ensemble.

Plus la frégate *la Créole,* de 40 canons de 18, commandée par le capitaine de vaisseau Hubert ;

La corvette *la Badine,* de 28 canons de 8, commandée par le capitaine Nieuport. — Grivel (de Brives) était alors aspirant de marine à bord de cette corvette ;

La corvette l'*Héliopolis,* de 18 canons de 6, commandée par le capitaine Lugan ;

Avec deux transports : la *Vierge-des-Neiges* et *le Prudent.*

Le tout avec des équipages au complet, chargés de troupes à bord. J'ai eu l'honneur et le plaisir de faire partie de cette division et de *participer* au combat et à la prise du vaisseau anglais le *Swistsure,* de 80 canons, le 5 messidor an 9, *que nous fîmes rentrer à Toulon et pour faire suite.* (Voir mon journal de l'expédition d'Egypte.)

Récits inédits que je viens, quoiqu'un peu tard, faire paraître, *pour remplir le vide et accomplir les souvenirs rétroactifs* de l'époque des circonstances de mes campagnes à l'armée de l'expédition de Saint-Domingue, aujourd'hui Haïti, d'où alors, étant hors d'Europe, on ne pouvait pas obtenir avec sûreté des résultats de renseignements positifs *qui furent* PEU CONNUS *en France*, d'où nous étions éloignés en temps de guerre surtout, *pour ajouter* à l'histoire contemporaine; et parce qu'il n'y avait alors que très-peu de presses et de journaux répandus à cette époque, et que les éditeurs, compositeurs d'articles, ouvriers et imprimeurs combattant aux armées sans remplaçants comme tous les autres, ne pouvaient guère s'occuper d'autre chose. — Après notre retour à Toulon, le 9 fructidor an 9, de l'expédition d'Egypte, où j'étais alors sous-lieutenant à la 6me compagnie du 2me bataillon de la légion expéditionnaire, *et pour faire suite à cela*, nous appareillâmes de nouveau à Toulon, le 8 nivose an X de la République, après le traité de paix d'Amiens, qui fut conclu avec l'Angleterre, sur l'escadre de la division, sous les ordres de l'amiral Ganthaume. *J'étais sur le vaisseau le Dix-Août*, qui était commandé par le capitaine de vaisseau Leguardun, et passâmes par le détroit de Gibraltar, où, après notre sortie de Toulon, une forte tempête de mistral nous conduisit vigoureusement en nous séparant les uns des autres pendant la nuit, et où le vaisseau l'*Annibal* alla faire naufrage sur les côtes du Maroc, vers Tanger, avec tout son monde; ce vaisseau, qui nous servait de transport, était chargé de vivres.

Nous continuâmes notre route en quittant la Méditerranée sur l'Océan, avec de bons vents, vers Saint-Domingue, et nous nous ralliâmes ensuite tous ensemble *en latitude*, avec les divisions sorties de Brest, de Lorient et Rochefort, chargées de troupes, et nous arrivâmes sur les atterrages de Saint-Domingue, *au cap de Lagrange*, où chacun de nous reçut sa destination et les ordres de l'amiral Latouche-Tréville, qui commandait en chef toute l'escadre pour conduire les vaisseaux aux lieux désignés et y effectuer le débarquement des troupes.

Notre mission fut celle d'aller débarquer au Cap-français, dans la partie nord de la colonie, où commandait le général Toussaint-Louverture, qui en était le gouverneur, et que nous allions remplacer de ce poste; ce qui ne lui faisait guère plaisir.

Nous y arrivâmes le 23 pluviose dans la soirée et nous restâmes en panne en dehors des passes au large toute la nuit pour attendre le jour, près de l'île de La Tortue, afin d'entrer, malgré le fort do Picolet *qui les défendait* et qui faisait mine de vouloir nous en empêcher.

Ayant avec nous à bord des vaisseaux les deux fils du gouverneur, qui servaient dans l'armée française avec le grade de capitaine, ils lui furent envoyés, par une grande embarcation, dans la soirée de notre apparition, *avec des présents de toute espèce pour l'amadouer,* habits d'uniformes brodés en or, un beau sabre d'honneur, que le gouvernement de la République française lui envoyait avec des dépêches *dont ils furent porteurs,* accompagnés dans cette mission *par l'adjudant général Pascal Sabès, de Bordeaux.*

Mais ils furent tous mal reçus, car l'un d'eux seul revint de suite pour dire que le gouverneur son père ne voulait rien recevoir : *c'était un nègre,* et ne voulait pas se soumettre, et qu'il avait donné des ordres précis pour incendier à nos yeux toute la colonie. En effet, dans cet instant, vers minuit, nous vîmes du bord des vaisseaux la ville du Cap toute en feu, et successivement la belle et riche plaine avec toutes les habitations, sucreries et grand nombre d'autres habitations.

C'était un spectacle affreux d'émotion.

Le lendemain au matin, 24 pluviose an X, au point du jour, nous nous préparâmes pour débarquer. Tous les vaisseaux formant notre division se mirent en ligne par file pour entrer un par un dans les passes, en canonant chacun de leurs bordées de stribord à boulet en passant. Le fort appelé Picolet, qui voulait s'opposer à notre entrée et qui fut bientôt mis à la raison, et demantelé.

Le débarquement de notre division de troupes avec les états-majors, sous les ordres du général Leclerc, beau-frère du premier consul Bonaparte, Rochambeau et Brunet, ainsi que Hector Daure, ordonnateur en chef, avec ses administrations, s'opéra très-lestement. Chaque homme avait reçu quinze jours de vivres en biscuits et bœuf salé, fournis par la marine, avec un bidon en ferblanc et des munitions suffisantes.

Nous traversâmes la ville sans nous y arrêter et sans n'y trouver personne dans les rues, que des restes de ruine encore fumantes, ce qui avait été pratiqué par le moyen de torches goudronnées et dont les troupes noires en avaient fait partir *par force* les habitants blancs de tout sexe avec eux, pour les conduire vers les montagnes où ils allaient, et qu'ils égorgeaient à fur et mesure dans leur fuite à l'instigation des agents anglais, pour que nous perdions nos colonies.

Nous allâmes d'abord camper sur les hauteurs du Cap, hors ville, et nous nous mîmes après en marche sur la petite anse, où nous étions dévorés par les moustiques, et puis à Limonade, où nous commençâmes à manger des patates douces couleur de rose, bouillies, ensuite au quartier marin, tout cela incendié, où un général noir, ami des blancs, Louis Labouliné, vint nous joindre et nous servir de guide.

Nous allâmes de là attaquer le fort Dauphin, qui fut pris subitement par mer et par terre ; la garnison noire s'étant sauvée à notre approche pendant la nuit, après avoir massacré les habitants blancs et encloué les canons.

Après cela, nous continuâmes, sans nous reposer, la poursuite des troupes noires, qui fuyaient vers les montagnes et qui n'avaient aucune espèce d'uniforme, ni sacs ni équipement, que des armes et des munitions anglaises.

Nous passâmes après les Taneries, les montagnes de Sainte-Suzane, de La Marmelade et celles du Dondon, ensuite les plaines et les hattes des savanes, remplies de bœufs et chevaux sauvages, que les noirs prennent fort adroitement courant à cheval avec des lacets (éperlains de corde), enlevant ainsi quelquefois la nuit des factionnaires avancés de cette manière.

Passant, de là, par San-Miquel et San-Raphaël en bivouaquant partout, et de là ensuite par une grande gorge appelée la Couleuvre, qui avait été carabinée et obstruée d'arbres abattus pour empêcher et retarder notre passage et notre marche, *débouchant* sur la plaine du Morne de la Croix, où nous étions certains d'y trouver le camp des troupes noires, qui, *à notre apparition,* firent sauter en l'air *deux poudrières* et tout ce qu'ils y avaient rassemblé de butin ; et qui ne nous faisaient pas de quartier, quand elles pouvaient prendre nos traînards, mais qui à l'approche de nos tambours battant la charge avec nos fifres (c'était alors notre musique), avaient levé leur camp et pris la fuite à toutes jambes *vers les montagnes.* Nous eûmes beau les poursuivre à coups de fusil en avant toujours en leur tuant beaucoup de monde, ils nous échappèrent à la nuit dans les montagnes boisées *des grands Cahaults,* où leur avant-garde s'était déjà dirigée, escortant des convois de mulets de Batz et chargés pour aller avec leurs généraux *cacher et enfouir les trésors considérables* qu'ils avaient emportés des villes qu'ils avaient incendiées, *où ils n'avaient rien laissé.*

Et nous trouvions, le matin en voulant continuer de marcher pour les découvrir et les atteindre, *les sentiers de leur chemin parsemés de traînées d'or et d'argent sur leur passage* avec des caisses vides, des mulets et des conducteurs abattus ou fusillés, pour cacher leurs traces, afin de retarder notre marche en ramassant cet argent, *que chaque homme*, selon les ordres du général en chef, apporta par 500 piastres dans son sac, par compagnie, le soir, au quartier général aux Verrettes, ce qui servit à payer un mois de solde *à l'armée en campagne*, où nous campâmes quelques jours, et après nous revînmes de nouveau par les rives de la rivière de l'Exter, peuplée de gros et longs caïmans crocodilles, avec écailles sur le dos et mousse verdâtre au-dessus, cherchant capture et pâture au Morne de La Croix, où nous avions déjà passé et où nous nous rencontrâmes en communication avec les troupes de la division du général Desfournaux, Boudet et Salm, qui, de leur côté, avaient débarqués au port de Paix et aux Gonaïves, et qui avaient parcouru les quartiers de Plaisance, le gros Morne et le Mole Saint-Nicolas, avec aussi sur notre droite celles qui avaient débarqué à Saint-Marc, qui avaient parcouru les Arcaées et le Mirbalais, *au centre de la colonie.*

Pendant cela et après qu'ils eurent enfouis leurs trésors sans que nous ayons pu découvrir l'endroit de leur retraite, les généraux Toussaint-Louverture, Dessalines et autres, avec leurs troupes, s'étaient réunis et fortifiés comme imprenables, dans une forte position, sur une crête appelée la Crête-à-Pierrot, dominant la rivière et la plaine de l'Artibonite et la route de Saint-Marc à Verrette, tout cela incendié, sur les bords de laquelle rivière voltigeaient des oiseaux-mouches et colibris, ornés de belles plumes pourpres et dorées, près de laquelle nous allâmes camper pour de là attaquer les retranchements de la position ennemie, et où nous trouvâmes beaucoup de blancs des deux sexes égorgés, tous habillés à la légère et *cuits et rôtis* par l'ardeur du soleil de ces climats, avec beaucoup de papiers écrits, tous éparpillés par terre et contenant soit correspondances, circulaires et ordres, signés avec des griffes par les généraux noirs, qui ne savaient ni lire ni écrire, surtout le gouverneur général. *Nous fîmes brûler tout cela ensemble avec ces cadavres.*

Ce ne fut qu'après un mois d'investissement, à deux reprises différentes et avec la réunion de nouvelles troupes, sous les ordres du général en chef Leclerc et l'artillerie, qui était commandée par le général d'Aupoul, que nous pûmes en venir à bout. Nous y perdîmes beaucoup de monde, surtout mon capitaine appelé Duclos, qui fut tué à mes côtés, et où je fus moi-même blessé à une jambe par le ricochet d'un biscaïen.

Il y eut là-dessus après un simulacre de feinte de trève *de paix factice, qui dura environ six mois au plus.*

Chaque division prit alors des cantonnements stratégiques et convenables : nous eûmes celui de Dénery, dont le quartier général de la division Brunet, qui commandait, se trouvait être à Gonaïves, port de mer.

Là, nous parcourions le pays journellement d'un côté et d'autre en colonnes mobiles, pour nous occuper et voir ce qui s'y passait.

Une circonstance singulière me fait rappeler ici que le numéro de l'emplacement de ma cabane ajoupa, se trouvant être près d'un rocher crevassé et couvert de ronces, et la cabane faite en lattes de palmiers et couverte avec son entourage d'épaisses feuilles et branches de natanier et bananier; mon espèce de lit de camp était composé de quatre piquets avec un clairvoie attaché au-dessus, qui supportait ma couchette. Je fus surpris une nuit par quelque chose d'étrange qui criait comme des petits oiseaux et qui me passait sur les mains, la figure et partout sur le corps; je pensai que c'étaient des souris; et je me réendormis; mais après, en ayant touché une, je sentis que c'était quelque chose de glissant; je me levai de suite, et appelant au corps-de-garde, les soldats vinrent avec de la lumière. Quel fut notre étonnement d'apercevoir partout, par terre, sur mon lit et sortir de la couverture de ma cabane et de son entourage, une quantité de reptiles petits serpents, couleur grisâtre, qui se traînaient et s'amusaient ensemble! Nous attendîmes le jour pour sortir mes effets, et après nous y mîmes le feu. Ce fut alors qu'il fallait voir chaque soldat armé de bâtons, assomant et détruisant cette pépinière de reptiles qui cherchait à se sauver vers les côtes du rocher et qui était venue se nicher dans ma cabane pour m'empêcher de dormir, sans ne me faire du reste aucun mal; ce qui fit beaucoup rire toutes les troupes du cantonnement.

Pendant que nous parcourions le pays, les grandes chaleurs et les maladies commencèrent à accabler toute l'armée. Les généraux noirs, qui étaient au repos, s'en aperçurent et profitèrent de ces moments pour rompre le serment de fidélité qu'ils avaient prêté à la France et organiser secrètement de nouveaux attroupements contre nous, au point que nous trouvant dans notre position de cantonnement à Dénery, qui avait déjà été incendié, faisant coude à la grand'route centrale de la colonie, conduisant aux Gonaïves, aussi incendiées, où était le quartier général de notre division, nous avions été obligés, pour nous garantir, *d'établir un poste de précaution,* à moitié route de distance, au lieu appelé la Coupe-à-Pintade, pour que nous puissions communiquer avec sûreté et recevoir nos provisions de vivres, etc.

Celle du général Rochambeau était à Saint-Marc, où je fus plusieurs fois envoyé avec escorte, étant alerte et comme étant membre du conseil d'administration de notre régiment et le plus jeune officier, pour recevoir des effets de linge et chaussure, en bravant tous les dangers de dix lieues de distance à parcourir à cheval et en garde des embuscades, où chaque fois j'étais invité à loger et prendre mes repas au quartier général, où je remarquais que les médecins y avaient prescrit un régime de nourriture peu copieux et que le vin était mélangé et coupé d'eau pour étancher la soif.

Celle du général Desfournaux, à Plaisance aussi, dans le centre, avec le grand quartier général du général Leclerc, au Cap français, *le tout dans la partie du nord.*

Nous nous trouvâmes un matin au point du jour en face d'une forte colonne de troupes noires, qui s'étaient approchées et rassemblées pendant la nuit, et qui aux cris des factionnaires de nos postes avancés les firent arrêter dans leur marche ; il y avait environ cinq à six cents hommes, commandés par le général Toussaint-Louverture lui-même, en uniforme, à cheval, qui voulait les faire passer pour cerner et bloquer sans doute la position de notre cantonnement et faire quelques coups sur nos derrières.

Il lui fut répondu, lorsqu'il se présenta seul avec arrogance, qu'il pouvait passer avec ses aides-de-camp, mais qu'on ne lui laisserait pas passer ses troupes, armées ou non armées.

Il piqua là-dessus son cheval, *j'étais en face de lui,* disant qu'il allait aux Gonaïves porter ses plaintes contre ce refus au général Brunet. Il tombait bien ; et ce fut précisément là auprès duquel il fut arrêté, et mis de suite à bord du vaisseau *le Héros,* qui était en rade, pour être conduit en France avec ses officiers. Sa femme, grosse négresse et un de ces fils, le furent le lendemain, pour partir avec lui. Laissant beaucoup de propriétés qui ne lui avaient coûté que la peine de les prendre, avec les trésors qu'il avait enfouis dans les hautes montagnes des grands Cahaults, partie centrale de la Colonie.

Le général Brunet était déjà instruit et informé par les rapports de nos colonnes mobiles, des mouvements qui s'opéraient dans les populations noires de notre division et de leurs menées. Car déjà, par malveillance, l'on nous avait quelques jours avant cela, pour nous priver, incendié et fait sauter la case ou échoppe où nous avions le dépôt de nos munitions, située dans un recoin de la route, et en face de nos baraques, où passait comme garantie entre elle et nous, la petite rivière de Dénery.

Aussitôt que l'arrestation du général Toussaint-Louverture fut connue, et qui ne croyait pas l'être, l'attroupement du rassemblement de troupes noires, qui étaient venues s'arrêter en face de nous; se dispersa le même jour de lui-même.

Ce général mourut en France prisonnier, *on ne sait comment*, quelques années après à la citadelle du château de Lourdes, dans les Hautes-Pyrénées, sans n'avoir jamais voulu faire savoir l'endroit où il avait enfoui ses trésors.

Et aussitôt qu'il fut parti, ces mêmes bandes de troupes se reformèrent de plus belles dans toutes les parties du Nord et du Sud de la Colonie, comme insurgés et assassins, sous les ordres d'autres généraux noirs, Dessaline, Christophe et autres. Pendant cela, les maladies, fièvre jaune, s'infiltrèrent partout parmi nos hommes, qui mouraient comme des mouches, et nous fûmes par suite obligés d'évacuer notre cantonnement et de nous replier sur le 1er bataillon du régiment, qui était avec l'état-major au quartier-général aux Gonaïves, déjà incendié, et où il n'y avait plus de place pour nos malades, dans des espèces de baraques qu'on avait improvisées pour servir d'hôpital, et encore moins de médecins et d'infirmiers pour les soigner, qui étaient tous morts, pas plus que de logement pour être à l'abri des intempéries.

Il fallait se baraquer et établir des *Blankots* avec palissades, madriers, planches et sacs de terre, pour nous garantir des surprises de l'*ennemi, qui nous harcelait les nuits; on ne pouvait plus y tenir*, et nos troupes disparaissaient à vue d'œil par les maladies.

La fièvre jaune me prit dans cet instant comme un coup de foudre, avec accablement et grand mal de tête, par redoublement, en perdant connaissance et la parole de suite; au cinquième jour d'accès et d'agonie, l'on allait m'apporter en terre, pour rejoindre ceux de mes camarades qui y étaient, *quand un petit vomissement de sang noir caillé me prit par miracle et j'étais sauvé et dégagé de tout!*

Dieu me préserva peut-être un des dix sur cent de celle-là, comme de bien autres choses dans ces campagnes meurtrières d'embuscades et de tout, car dans ce pays il n'y avait pas de batailles rangées, *et c'était bien pire, ni pas de prisonniers.*

La guerre recommençant là-dessus de plus belle, ainsi qu'avec la perfide Angleterre, par suite de la rupture du traité de paix d'Amiens *et n'ayant plus alors de communication avec la France,* chose que connaissaient déjà les généraux noirs insurgés contre nous, qui étaient avertis par les Anglais, *nous nous trouvions dans une position des plus pénibles.* Quantité d'habitants avaient été égorgés sur leurs propriétés et tous les marins et soldats qui étaient dans les hôpitaux provisoires, *espèces de barraques et cabanes de convalescence, éparpillés partout sans secours, le furent de même.*

La France perdit dans cette colonie *la renommée de ces généraux éprouvés dans d'autres climats et une armée aguerrie,* avec les renforts et les ouillages qu'on nous y avait envoyés en secours pour toute chose et nous y maintenir : *mais l'homme propose et Dieu dispose.* Parmi lesquels, le général en chef Leclerc ne fut pas épargné malgré les soins et ses gardes qui veillaient aux portes du gouvernement et malgré qu'il se fut fait faire des baignoires en argent et des vases de nuit en or, pour son service et celui de son épouse, Pauline Bonaparte.

Il eut sur tous les autres, après sa mort, l'agrément d'être embaumé avec du tafia, comme des fruits à l'eau-de-vie et le privilége *d'être transporté en France,* sur le vaisseau le *Swiftsure*, que les Anglais laissèrent passer *avec carte blanche*, comme quand le général Bonaparte revint seul d'Egypte, sur un tout petit bâtiment, et qu'il débarqua à Fréjus, sur les côtes de la Provence, et comme lorsqu'il revint de l'exil où il était avec le noyau de ses anciens gardes, qu'il embarqua à l'île d'Elbe en mars 1815, de connivence avec les croiseurs Anglais en surveillance, qui le laissèrent passer et débarquer au golfe Juan, près d'Antibes, se dirigeant après sur Paris, où il arriva sans entraves, après avoir grossi son armée sur sa route; on peut voir jouer ici dans ces cas les mouvements des ressorts de la politique anglaise à double entente, à la différence que le général Leclerc était mort et qu'il était accompagné de son épouse, de quelques officiers de sa garde et de ses aides-de-camp, Bourk, chef de bataillon, Verdière, capitaine, et Dalton, chef d'escadron, qui avait été envoyé en exil par son général à Santo-Domingo, ville très-éloignée des anciennes possessions espagnoles, pour cause d'un peu trop de familiarité dans le ménage et qui en fut rappelé à sa mort, dont les restes mortuaires arrivèrent à Paris, où ils furent déposés dans un tombeau, à l'église Sainte-Geneviève, qui avait été transformée en Panthéon, pour y recevoir les grands hommes à qui la patrie était reconnaissante.

Ce fut le général Rochambeau qui le remplaça et prit le commandement à la ligne. En ce moment, les troupes noires cernaient et assiégeaient la ville du Cap, et nous n'avions pour la défendre que la compagnie des gardes du quartier-général et la garde nationale bourgeoise active pendant cela. L'on s'amusait par diversion à donner des bals et faire danser au gouvernement la société noire et de couleur des folies. Mais une conspiration fut découverte : il y avait à la caserne de l'Arsenal une centaine d'hommes de troupes noires qu'on croyait fidèles, et qui, dans la nuit, devaient se joindre et faire cause commune dans une attaque combinée avec ceux du dehors. Le coup manqua ; ils furent désarmés par précaution, puis tous les principaux chefs arrêtés, emprisonnés et gardés dans une église ; et ne pouvant garder ces prisonniers embarrassants dans la ville, on eut la fatale idée, au lieu de les déporter, de les embarquer sur des bateaux à soupape, de les envoyer au large et les faire noyer; si bien que quelques jours après, la mer les rejeta avec les courants dans la rade et y portait l'infection, ce qui coûta par représailles à l'évacuation et capitulation forcée avec les Anglais, un sauve qui peut à l'entrée des troupes noires, la destruction de toutes les populations blanches : *on devait s'y attendre, et on n'y avait pas pensé.*

Pendant cela, Jérôme Bonaparte, à qui on avait donné le commandement d'un vaisseau de 74 canons, avec des officiers capables, sortit de nuit, et se rendit heureusement aux États-Unis d'Amérique, à Baltimore, où ce vaisseau fut désarmé, abandonné et perdu dans le port, avec son artillerie, pour ne pas l'exposer; car les Anglais le veillaient et voulaient s'en emparer.

Fréquentant dans cette ville la bonne société, il était jeune, il épousa la fille d'un riche négociant, Mlle Pétersson, et revint en France, en s'échappant des Anglais, où son frère, qui de premier Consul était devenu Empereur, ne voulut pas reconnaître ce mariage, le fit rompre, lui fit quitter la marine, et lui fit épouser la fille du roi Frédéric de Wurtemberg et devint roi de Westphalie.

Par cette même faveur, sa sœur Pauline Bonaparte, veuve du général Leclerc, épousa en secondes noces le prince de Borghèse, duc de Guastalla, et les aides-de-camp de feu son époux arrivèrent promptement aux grades de colonels et puis généraux, tandis que nous croquions très-péniblement le marmot; ils sont morts depuis, non sur le champ de bataille, mais chez eux en retraite.

Ici finissent les détails que je donne sur ce qui concernait la partie du Nord de la Colonie qui était la plus considérable et la plus dangereuse par sa position, puisque nous étions un corps de trois divisions pour la combattre et la soumettre.

Il y avait aussi dans le Sud, deux autres divisions de troupes qui opéraient de leur côté cette partie, ayant leurs quartiers-généraux au Port-au-Prince, aux Cayes, à Jérémie et Jacquemel, et qui étaient commandées par les généraux Lavalette, Dugas, Hardy, Pajol, Nouailhe, etc., qui avaient à lutter contre des masses de troupes de couleur mulâtre, moins féroces que les noirs de la partie du Nord, que j'ai parcourue en combattant, ne pouvant parler que de ceux-là et non des autres, qui ont eu leurs actions de luttes comme nous.

A peine j'étais sorti de faire cette maladie cruelle, *étant solide, que je fus envoyé en mission, et détaché à Santo-Domingo*, ville capitale de la partie de l'Est des anciennes possessions espagnoles qui avaient été cédées à la France à l'époque du traité de paix fait avec l'Espagne, où nous avions débarqué des troupes, *pour en prendre possession*, qui étaient commandées par le général Kerverscau, qui gouvernait avec un préfet, M. Lequoy-Montgiraud et une administration française, ville *où j'arrivai avec intelligence et bonheur*, en traversant avec guides, à cheval, la Colonie *dans presque toute sa largeur*, dormant et reposant le jour dans les bois, et courant la nuit, *en bravant tous les dangers*, jusqu'aux parties où rien n'avait été incendié ni détruit, lors de la prise de possession, les populations étant espagnoles, où se trouvait être l'ancien Palais, espèce de château-fort de Cristophe-Colomb et celui de ses descendants, pleins d'urbanité pour les Français, pays occupé aujourd'hui par le gouvernement des Dominicains, qui produisant beaucoup de bois d'acajou, les portes, les poutres, les fenêtres, les meubles et tout, sont de ce bois massif, qui est fort dur, et dont l'arbre ne porte aucun fruit.

Cette ville, assez vaste, entourée d'un mur d'enceinte crénelé, avec fossés et palissades, ayant deux portes avec ponts-levis, dont l'une ferme le port, à l'embouchure de la rivière de la Lozama et la mer; et l'autre, l'entrée de l'extérieur à la ville, possédant des fortifications et arsenaux d'artillerie superbes, ayant une belle et vaste cathédrale, bien située, avec un archevêque et de nombreuses églises et couvents, des tableaux et ornements magnifiques, *au point que le chœur de cet édifice était pavé au lieu de grands carreaux de marbre en carreaux d'or et d'argent massif*, et ayant des candélabres et des saints colossaux de cette même matière, choses fort curieuses à voir.

L'administration tira bon parti de tout cela, comme on doit le penser, en vendant le tout à des juifs étrangers, comme l'on fit, en 1808, lors de la guerre provoquée avec l'Espagne, et comme plus tard, en 1830, l'on fit à Alger pour les millions qui furent trouvés à la Cashba, lors de la prise de cette ville par l'armée française, et millions qui, disait-on alors, étaient destinés à payer en entier la décoration et l'arriéré de la légion-d'honneur aux officiers qui attendent, et qui ne le sont pas encore tous, parce qu'ils servirent aux révolutionnaires à autre chose et à se remplir leurs poches.

Les places, les rues à trottoirs et maisons à terrasses de cette ville, avec citernes pour servir à ramasser les eaux, étaient ce qu'il y avait de plus commode, ce que n'avaient pas les villes de la partie française du Cap et du Port-au-Prince, qui étaient des villes ouvertes et destinées au commerce, *déjà détruites plusieurs fois.*

Nous nous trouvâmes au bout de quelque temps à bout de nos ressources. Tout ce que nous avions de troupes et d'administration faisant le service dans la partie française du nord et du sud de la Colonie, était disparu par suite des maladies et des massacres, ou par des évacuations partielles et forcées, qui s'étaient opérées tant bien que mal dans le Sud, sur l'île de Cuba, San-Yago, Baracoa et la Havane; et dans le Nord, sur Samana, Monte-Cristo et Porto-Ricco, ou faits prisonniers par les Anglais, qui pillaient ceux qui s'emportaient leurs bijoux et argenterie, et ce qu'ils avaient pu sauver des nègres, et les laissaient ensuite après sans rien. Ce qu'ils appellent à leur manière bonne fortune de guerre *(fortune wars)*.

Ce qui restait de mon régiment s'y trouvait compris ; avec ses archives et comptabilité perdues.

Notre tour arriva alors de soutenir un siége. Nous fûmes bloqués à Santo-Domingo : d'un côté par les généraux et troupes noires, qui n'ayant plus rien à combattre dans la partie française, puisque tout y avait été détruit, s'étaient mis en marche pour venir nous assiéger par terre ; tandis que les vaisseaux et frégates anglaises, avec qui ils s'entendaient, nous bloquaient par mer, pour nous affamer, en nous faisant payer fort cher par contrebande les vivres qui nous étaient nécessaires.

Nous mangions tout : rats, chats, chiens, couvertures de malles, détrempées et cuites au gras-double, etc., sans ne rien recevoir de France, avec qui nous n'avions plus de communications.

Au bout de quelque temps, le général Kerverscau, auprès duquel j'avais été détaché, lieutenant et officier d'ordonnance, ayant été remplacé dans son commandement pour cause de santé par le général Ferrand, quitta ce poste pour passer plus tard à la préfecture de la Guadeloupe, et je fus appelé à sa suite comme adjudant instructeur des milices de la Colonie. J'étais jeune alors (1804), vingt-six ans, je ne pensais qu'à la gloire de ma patrie, etc.

Ici finissent les récits de mes campagnes à l'armée de l'expédition de Saint-Domingue. *J'en suis revenu. Ainsi soit-il.*

Je puis écrire ce que j'ai vu, souffert et supporté moi-même, car les morts ne le peuvent pas, et je suis, après tout, le reste de mes services successifs avec les prisons d'Angleterre, qui ne comptent pas, et où jamais personne n'eût la jalouse envie d'y venir prendre et attraper ma place.

Rentré en France malade, par suite de toutes ces tribulations avec M. Pillet, mon ancien colonel de la légion expéditionnaire, qui mourut victime de ses souffrances dans les prisons, et qui fit un ouvrage démasquant les perfidies du gouvernement anglais sur les pontons et les prisons d'Angleterre, ouvrage qu'on ne voulut pas permettre de rendre public en 1814, sous la Restauration, qui reconnut tous mes services passés, etc.

Je fus nommé capitaine à l'état-major général de la première division militaire, à Paris, et chevalier de Saint-Louis, et ensuite à la légion des Vosges, 20me léger, et légion du Loiret, 48me de ligne, qui fut envoyé plus tard, en 1824, à la Guadeloupe, où nous perdîmes sans combattre, par maladies fièvre jaune, dans quatre ans plus de 1,500 hommes avec 38 officiers de tous grades, et où je fus un de ceux qui furent épargnés, ayant eu le sort de m'en sortir aux expéditions de Saint-Domingue et d'Egypte, attendu qu'on ne fait jamais deux fois cette maladie cruelle. Revenu en France en 1828, maintenant en jouissance de ma pension de retraite, avec complète justice, sans qu'on ait pu faire autrement. Depuis et après 1830, par le total de mes services et campagnes, réglés à cinquante-six ans deux mois vingt-un jours effectifs. Outrepassant le grand maximum de mon grade, acquis partout avec devoir, honneur et loyauté, dont je suis fier et glorieux maintenant, à quatre-vingts ans d'âge, étant né en 1778, de caractère impassible et impartial; décoré de plusieurs ordres, et tout récemment, par circonstance, de la médaille de Sainte-Hélène avec brevet.

Nota. — Qui dans tout cela en a vu et supporté de cruelles de toutes les manières, et qui a subi et fait autant qu'un officier général a pu le faire, sans obtenir cette chance de justice, surtout après avoir eu l'honneur de pacifier, sous mon commandement, en septembre et octobre 1830, à Belquayre, canton de Balestat, et sans combattre, les révoltés des montagnes du département de l'Arriége, pendant que mon régiment, 48me de ligne, était alors à l'expédition et à la prise d'Alger, commandé par le colonel Leridant, avec le lieutenant-colonel Lefol, qui y fut fait colonel et le colonel maréchal de camp, qui moururent l'un après l'autre de maladies; peu de temps après, j'étais resté au dépôt par cause d'ancienneté où par de sages idées que j'indiquai au général Barbot, à M. le Préfet, et au Procureur du roi, M. Joly, *qui les approuvèrent* et qui étaient tout simplement celle de faire changer et opérer la permutation des gardes et agents forestier et la brigade de gendarmerie, depuis longtemps dans cette contrée, qui avaient, par excès de zèle et abus de pouvoir, maltraité leurs administrés en ce faisant haïr, et où après avoir fait ce que dois, *tout rentra dans l'ordre*, ce qui valait bien mieux que des coups de fusils, contre des innocents égarés, sans ne rien obtenir pour moi, après avoir préservé ce pays d'une guerre civile, que ma mise à la retraite, et empêcher par méchanceté, sous différents prétextes élaborés dans les bureaux du ministère, où tout se bacle, mon avancement et pour selon l'habitude des révolutions, *donner cette récompense et faire place à d'autres*, faire prêter des serments de fidélité à n'en plus finir, démoraliser, corrompre sournoisement les esprits en désordres, bouleverser, avec danses, musique et tambours, pour faire agir et masquer leurs entreprises, abattant les croix, les églises et la religion catholique, par où l'on commence et après le reste et autres œuvres des passions ardentes et impies que l'histoire a flétri en faisant tout payer fort cher *et tout renchérir*. Car, par exemple, je me rappelle qu'il y a soixante ans, nous ne payions à la table de la pension des lieutenants et sous-lieutenants que 32 livres et les capitaines 42 par mois, pour déjeuner et diner, où nous étions fort bien nourris et où rien n'était alors falsifié ni fraudé; on ne connaissait pas encore cela ni cette tactique d'intérêt dans les mœurs à cette époque, après sa chute et la disparition des assignats, papiers, monnaie républicaine de bricole et des emprunts forcés, les réquisitions et le maximum des taxes sur toute choses.

Quelle différence aujourd'hui dans ce même pays de France ! tout à triplé de prix, par suite sans doute des effets produits par les fraternités cordiales de tendresse, des révolutions et des changements de toute espèce survenus depuis; aussi a-t-on été obligé d'augmenter par cette raison depuis peu la solde d'appointement, et de logement, et de tout, aux officiers, pour pouvoir vivre. Personne ne fait attention à tout cela, on va toujours en continuant, pour qu'on s'y habitue.

Le tabac, le sel, le papier timbré qui étaient en vente libre on l'a établi en régie; il n'y a qu'en France où l'on voit des choses semblables qui choquent la liberté commerciale, malgré que l'on fasse toujours croire aux badeauds complaisants, le contraire, que tout est à bon marché et au goût du monde, pour les satisfaire et les amadouer avec des plantations d'arbres de liberté qu'on fait bénir et garder nuit et jour, arrosés souvent de pleurs et de larmes, et qu'on arrache ensuite plus tard, après les lunes de miel passées, en donnant des secours pécuniers à ceux qu'on a fait dancer, et des secours, aux révolutionnaires étrangers de tous les pays, réfugiés en France, pour en augmenter le nombre par suite de coups manqués chez eux, en Pologne, en Italie, à Naples et ailleurs, pour fraterniser avec les nôtres, s'entendre au mot d'ordre, s'organiser et s'habituer avec eux, afin de continuer leurs travaux destructeurs.

Voilà, avec la force brutale qu'ils grossissent avec la ruse et les piéges, toute leur science, pour de cette manière arriver à insurger et révolutionner l'univers, *selon leurs tristes doctrines.*

Déjà la France avait assez perdu à ces jeux là en perdant ses possessions coloniales avec toute sa famille royale et quantité d'autres excellents français. L'Espagne a de même subi ce sort en perdant ces colonies d'Amérique, qui ont changé de maîtres.

J'avais alors 52 ans à cette époque de 1830, qu'on appelait glorieuses journées de juillet, par la révocation de Charles X et criant à bas Charles X! comme de fait et le changement de dynastie, parce que tout est toujours gloire en France, le mal comme le bien, après la conquête d'Alger, qu'on ne put pas nous faire perdre comme on le voulait bien, pour nous conduire encore dans quelque nouvelle catastrophe et recommencer ici les cannibaleries de 93 pour faire plaisir aux Anglais et aux partisans et propagateurs d'impiétés révolutionnaires, le vol et le pillage, malheur à ceux qui sont pris. Et on ose appeler cela les progrès de la science et de la civilisation, comme si ces progrès ne se faisaient pas par autres choses et d'autres moyens valables.

Je pouvais agir sans être de cet avis, mieux que tout autre, par l'expérience du passé et pour tout, mais on ne voulait plus que du nouveau, c'était convenu, je voyais cela très-clairement de mes yeux; il fallait se soumettre aux caricatures de dérisions, aux mascarades et fantasmagories de toutes espèces, aux rubriques de leurs chansons Béranger de rien qui vaille, prônées pour amadouer et amuser le public en détruisant les mœurs, (c'était le but principal), il fallait tout changer et régénérer sans retour. Les générations nouvelles avides de changements ne demandent pas mieux que d'entreprendre des insurrections avec barricades sur barricades, aidées, soutenues et éprouvées par messieurs les citoyens conspirateurs des comités, directeurs occultes des clubs organisés jusque dans les régiments, pour exciter les passions des places à prendre et à plumer, comme s'il n'en coûtait rien à personne, pour solder et payer tout cela et nous conduire à la merci de leur volonté.

Triste logique! car avec de tels procédés, l'on pourrait, il n'y a pas loin à aller, ravir les biens de ceux qui les possèdent, et se mettre à leur lieu et place; les révolutionnaires ne se gênent pas une fois lancé; sans oublier en 1848 Lédru-Rollin avec ces 45 pour 100 chipés aux contribuables; ils aiment le bien d'autrui en toute chose aujourd'hui comme toujours, ne respectant rien que l'argent, vienne n'importe d'où, et coûte que coûte, par suite du débordement d'étalage de luxe, de faste et d'orgueil à la surface extérieure des choses humaines et de misère intérieure de l'autre, qui aplatit et défigure tout, tellement le charlatanisme a affaibli les croyances en toutes manières, n'ayant aucun egard que pour la force de leur genre, sans en avoir pour le faible et honnête que le droit des gens et les lois protègent et qu'ils violent partout, pas même pour sa sainteté, notre Saint-Père le Pape, le représentant de N. S. Jésus-Christ, qui vit en nous sur la terre comme au ciel, et tout cela, d'accord avec l'indifférence et l'égoïsme qui est, pour tout le reste, calqué par imitation sur la révolution anglaise de 1688, et à leur constitution élastique qu'ils ont la prétention de vouloir faire établir partout comme leurs marchandises, si on voulait les écouter, troubleurs, embrouilleurs et diviseurs de monde et d'attrapes, imitations barbares qui détruisent et emportent tout. Quelles amplettes et jolies imitations avec les d'Orléans, de race révolutionnaire, pour faire marcher ces idées d'aventures et monstrueuses, et un ministre, homme d'esprit, habile, M. Guizot, de culte protestant, venant un jour dire dans un discours, du haut de la tribune à la chambre des députés, pour diverser, connaissant les passions humaines : Enrichissez vous tous! discours qui fut compris et qui voulait dire par dissimulation : fraudez, falsifiez, trompez vos semblables, jouez sur les fonds publics et faites enfin banqueroute si vous ne réussissez pas; c'est le chemin de la fortune et du déshonneur.

Leçons qui ont profité à bien du monde et qui en sont devenus intolérables d'orgueil et de vanité depuis.

J'ai été un des témoins pincé, préssuré et spolié en famille après avoir traversé toutes ces époques fatales, depuis 1789, et ensuite aux infernales dénonciations des suspects de la terreur rouge et d'émanicipation révolutionnaire, avec les déesses de la liberté et de la raison, courant les rues en bonnets rouges, et la guillotine abattant les têtes, tristes souvenirs, le tout poussé par Mirabeau, Philippe-Égalité, Lafayette et autres apôtres de la clique d'hurleurs parlementaires avec les Robespierre, Danton, Carrier, Marrat, Colot-d'Herbois et autres, leurs disciples et leurs exécuteurs, s'exécutant après entre eux.

Ce fut un sauve-qui-peut effrayant. Pour éviter ces scandales, les uns quittaient leur patrie et fuyaient en Allemagne, les autres en Espagne, en Angleterre et émigraient partout, et la sale et vorace république profitait de cela pour faire main-basse et confisquer leurs biens, aussi bien de ceux qu'on faisait périr sur les échafauds et qui ne pouvaient pas fuir, que ceux de toutes les communautés religieuses, qui furent vendus comme propriétés nationales; car c'était ainsi que la république opérait alors pour faire de l'argent; sans oublier les cloches de toutes les églises qu'on faisait fondre, pour faire des canons et des gros sols, jusqu'à ce que la réaction du 18 fructidor eût fait suspendre et arrêter leurs projets destructeurs, et je crois, qu'avec tout cela et de telles éducations populaires mises en pratique, *s'il était question de recommencer*, jusqu'à ce que ces esprits n'aient plus leur équilibre, nous deviendrons un jour, malgré nous, on a beau faire, on a beau dire, pire QUE DES IROQUOIS, ESPÈCES DE COMÉDIENS CORROMPUS, qui n'ont qu'en apparence ni foi, ni lois, ni religion morale pudique *que la leur*, car l'on se demande quelle honnêteté et quelle civilisation trouve-t-on dans ces vacarmes d'entreprises de déraison et de honte qui ébranlent l'ordre social!

Fin d'une partie du tableau abrégé des temps passés, Dieu est mon droit, honni soit qui mal y pense, et je suis resté en philosophe spirituel, penseur et solitaire comme le rat du bon Lafontaine, dans mon fromage, indépendant et à la volonté de Dieu; le temps fera le reste.

---

abattant les têtes, tristes souvenirs, le tout poussé par Mirabeau, Philippe-Égalité, Lafayette et autres apôtres de la clique d'hâbleurs parlementaires avec les Robespierre, Danton, Carrier, Marat, Collot-d'Herbois et autres, leurs disciples et leurs exécuteurs, s'exécutant après entre eux.

« Ce fut un sauve-qui-peut effrayant. Pour éviter ces massacres, les uns quittaient leur patrie et fuyaient en Allemagne, les autres en Espagne, en Angleterre et émigraient partout, et la sale et vorace république profitait de cela pour faire main-basse et confisquer leurs biens, aussi bien de ceux qu'on faisait périr sur les échafauds et qui ne pouvaient pas fuir, que ceux de toutes les communautés religieuses, qui furent vendus comme propriétés nationales ; car c'était ainsi que la république opérait alors pour faire de l'argent ; sans oublier les cloches de toutes les églises qu'on faisait fondre, pour faire des canons et des gros sols, jusqu'à ce que la réaction du 18 fructidor eût fait suspendre et arrêter leurs projets destructeurs, et je crois qu'avec tout cela et de telles éducations populaires mises en pratique, s'il était possible de [illegible] jusqu'à ce que ces esprits n'aient plus leur équilibre, nous deviendrons un jour, malgré nous, on a beau faire, on a beau dire, pire que des magots, [illegible] à des conditions contraires, qui n'ont qu'en apparence ni foi, ni lois, ni religion morale publique que la leur ; car l'on se demande quelle honnêteté et quelle civilisation trouve-t-on dans ces [illegible] d'entreprises de déraison et de honte qui ébranlent l'ordre social.

Fin d'une partie du tableau abrégé des temps passés. Dieu est mon droit, honni soit qui mal y pense, et je suis resté en philosophe spirituel, pauvre et solitaire comme le rat du bon Lafontaine, dans mon fromage, indépendant et à la volonté de Dieu ; le temps fera le reste. »

Bordeaux. — typ. Vᵉ J. Dupuy et Comp., rue Gouvion, 20.

www.ingramcontent.com/pod-product-compliance
Lightning Source LLC
Chambersburg PA
CBHW070756280326
41934CB00011B/2947
* 9 7 8 2 0 1 3 7 3 6 5 6 5 *